Conni geht zur Zahnärztin

Eine Geschichte von Liane Schneider
mit Bildern von Janina Görrissen

CARLSEN

Conni schaut mit weit offenem Mund in den Spiegel und ärgert sich. Diese braune Stelle am Zahn da oben hinten lässt sich nicht wegputzen. Mama putzt noch mal nach. Doch der braune Fleck geht wirklich nicht weg.

„Ich glaube, das muss sich die Zahnärztin mal ansehen.
Da ist bestimmt ein Loch“, meint Mama.

Im Kindergarten erzählt Conni, dass sie zum Zahnarzt muss.
Julia sagt: „Das ist gar nicht schlimm."
Emir behauptet, dass der Zahnarzt mit einem Bohrer Löcher in die Zähne macht.
Conni glaubt ihm aber nicht. Sie war nämlich schon ein paarmal bei ihrer Zahnärztin.

Abends fragt Conni Papa. Der lacht: „Quatsch! Das ist mehr so wie bei meiner elektrischen Zahnbürste.“
Papa steckt einen neuen Bürstenkopf auf. Es brummt und die kleine, runde Bürste dreht sich schnell.
Wenn Conni sie an die Zähne hält, kribbelt es im Mund.

Heute ist es so weit: Conni geht zum Zahnarzt und Mama kommt mit. In der Praxis riecht es ganz sauber. Conni drückt ihren Teddy fest an sich. Mama gibt der Zahnarzthelferin die kleine Versicherungskarte.

Im Wartezimmer entdeckt Conni sofort die große Spielkiste.
Bald ist sie so beschäftigt, dass sie zuerst gar nicht hört, dass ihr Name aufgerufen wird.

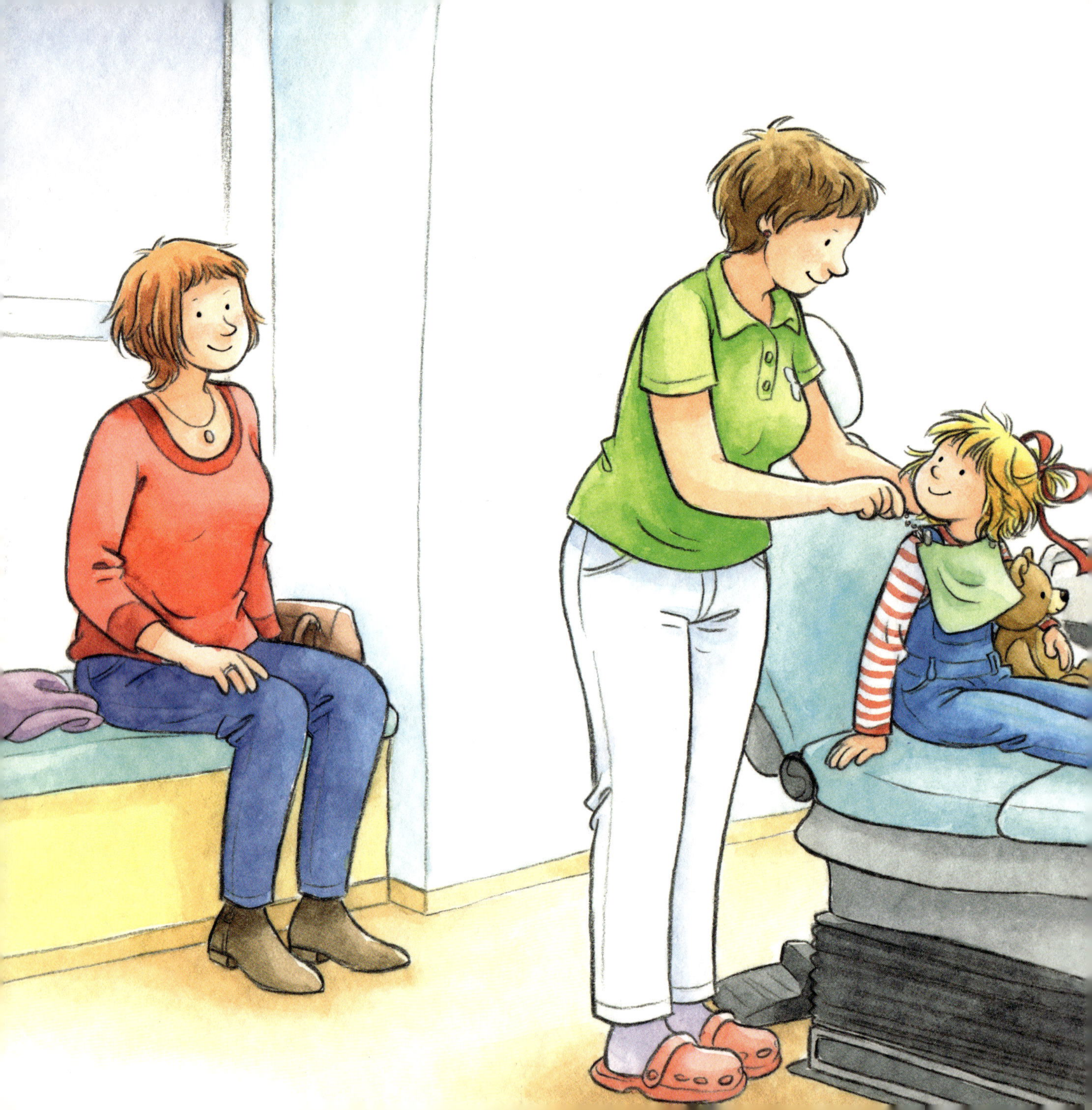

Conni geht mit Mama ins Behandlungszimmer. Hier steht ein gemütlicher Stuhl. Conni klettert hinauf. Die Zahnarzthelferin bindet ihr ein großes Lätzchen um. Sie lässt den Stuhl nach oben und unten fahren. Das macht Spaß. Über Conni ist eine helle Lampe und neben ihr ein kleines Spülbecken mit einem Becher. Auf einem Tisch liegen glänzende Geräte.

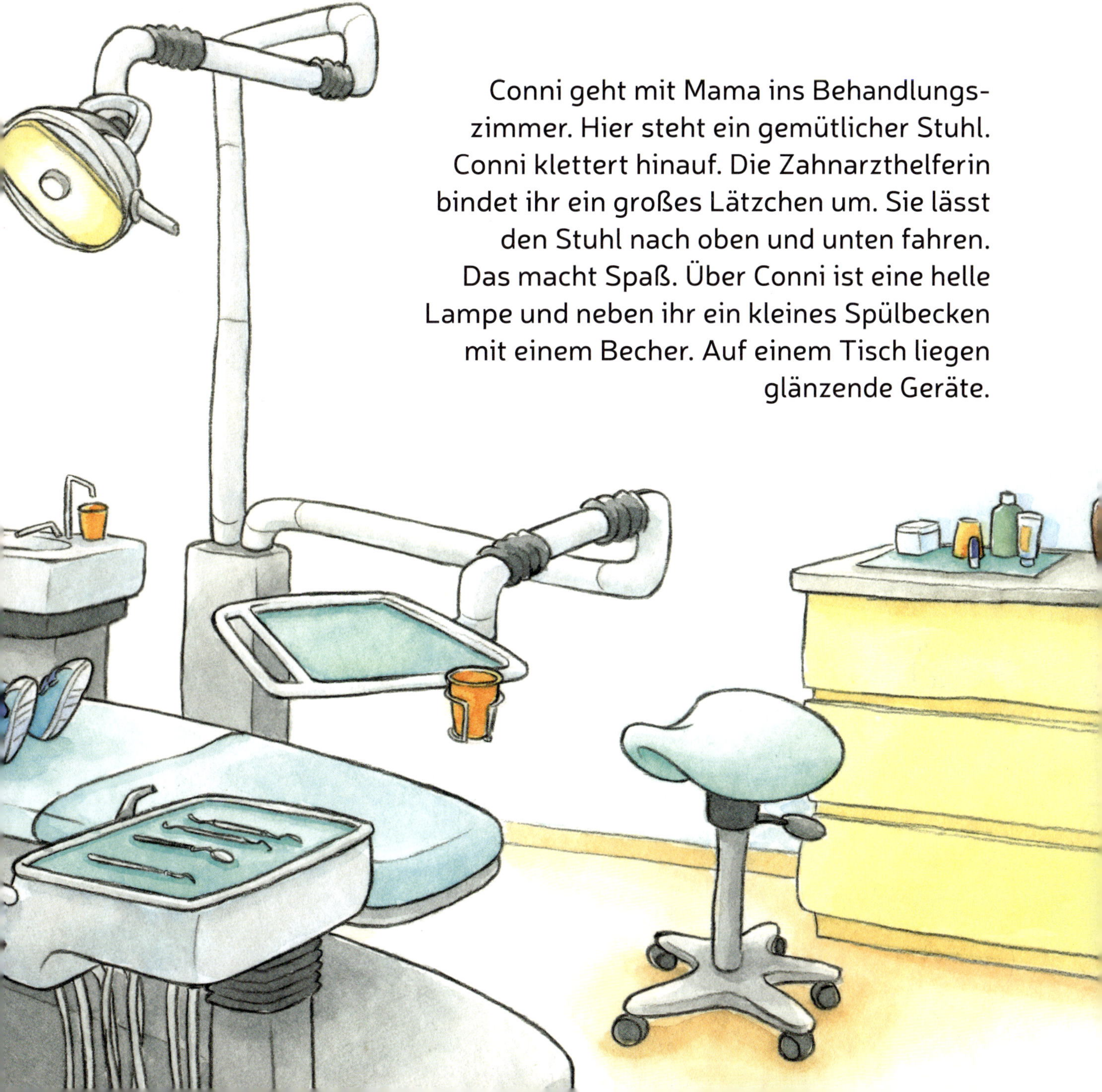

„Hallo Conni“, sagt die junge Zahnärztin, „hast du einen Wackelzahn, der nicht herauswill?“
Conni zeigt ihr stolz den Schneidezahn, der schon etwas wackelt.
Aber deswegen ist sie ja nicht hier.
Die Zahnärztin wäscht sich die Hände.
Sie zieht dünne, weiße Handschuhe an und setzt einen Mundschutz auf. „So stecken wir uns nicht an, wenn eine von uns mal erkältet ist“, erklärt sie. Conni kennt das schon.

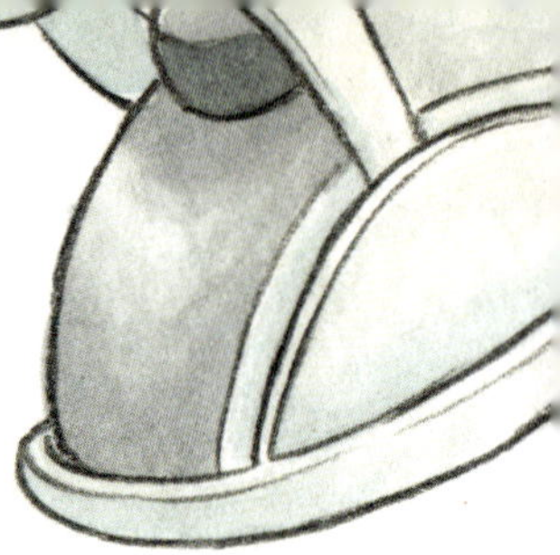

Die Zahnärztin sieht sich alle Zähne mit einem Spiegel und einer kleinen Lampe genau an. Bei dem Zahn oben hinten findet sie tatsächlich ein kleines Loch.
Conni kann das gar nicht verstehen. Sie putzt doch jeden Morgen und jeden Abend ihre Zähne! Die Ärztin erklärt, dass Süßigkeiten und Essensreste an den Zähnen hängen bleiben und die Zähne angreifen. Deshalb ist es besser, morgens erst nach dem Frühstück zu putzen.

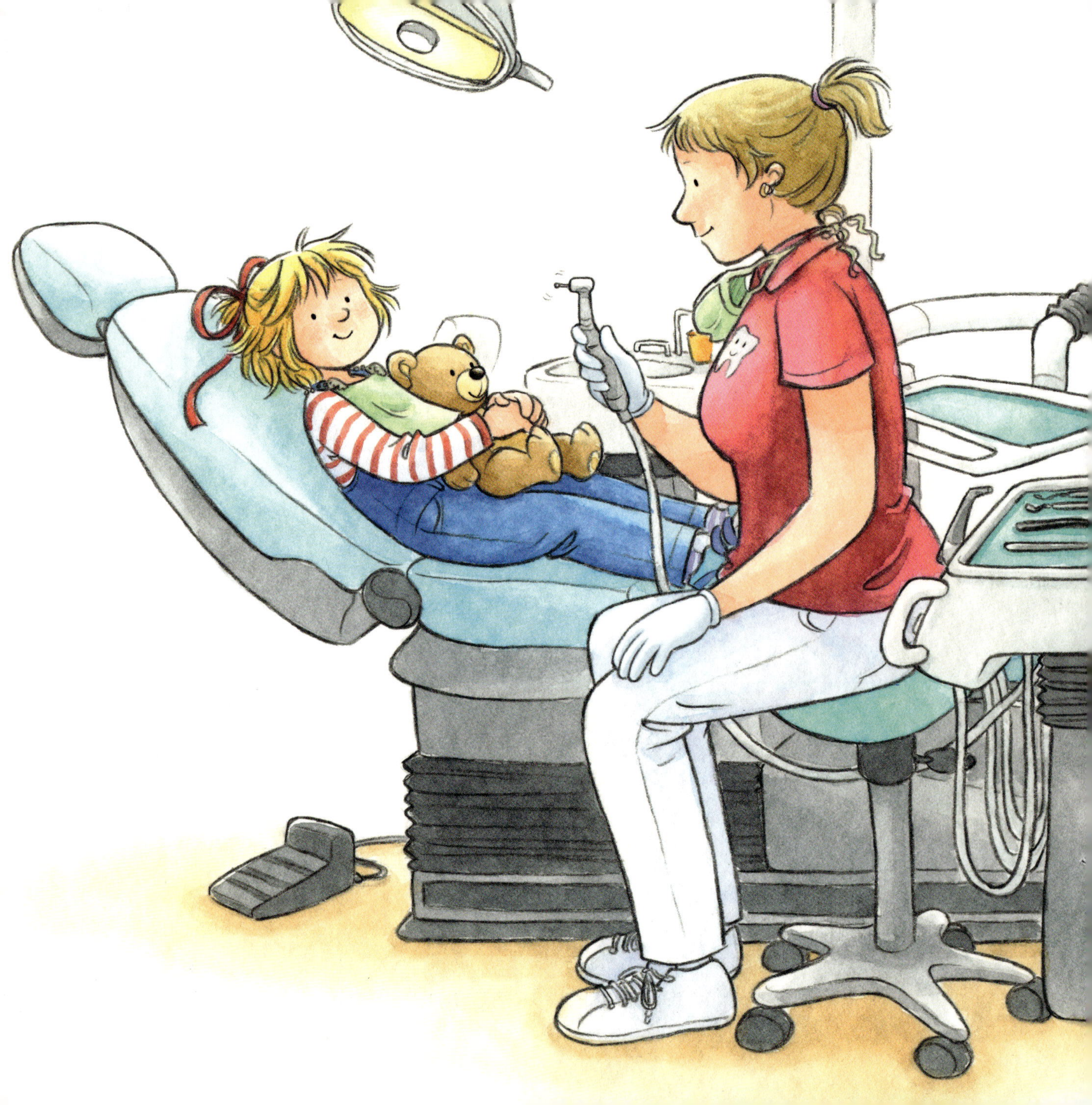

Die Zahnärztin zeigt Conni ein kleines Gerät mit einer kleinen Kugel vorn, die sich ganz schnell dreht.
Wie Papas elektrische Zahnbürste. Damit kann sie die braune Stelle am Zahn wegrubbeln.
„Und dann machen wir eine Füllung“, sagt die Ärztin.
„Aus Marzipan?“, fragt Conni und denkt dabei an die leckere Füllung von Omas Plätzchen.
Die Ärztin lacht: „Nein, für deinen Zahn nehmen wir lieber etwas, das nicht süß ist und schön fest wird.“

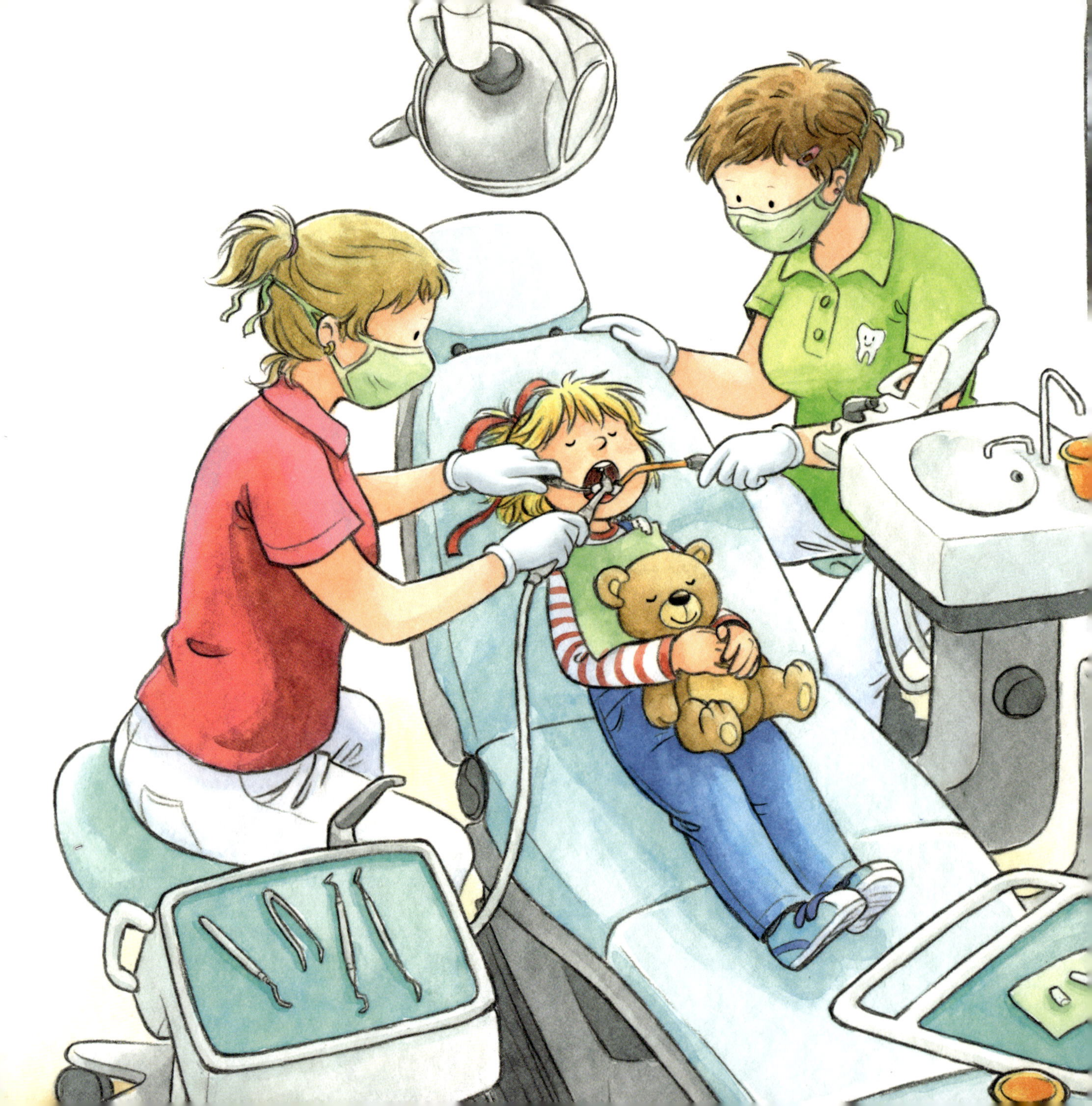

Jetzt soll Conni den Mund ganz weit aufmachen. Die Zahnarzthelferin hängt Schlürfi hinein. Der saugt Wasser und Spucke einfach weg. So muss Conni nicht dauernd schlucken. Wenn Conni bei der Behandlung etwas stört, soll sie die Hand heben als Stoppzeichen.
Das Wegrubbeln der braunen Stelle ist ein bisschen komisch. Es kribbelt und vibriert, es brummt und sirrt und ist auch schon vorbei. Mit einem Häkchen prüft die Ärztin, ob alles weg ist.

Die Ärztin füllt eine weiße Paste in den Zahn. Danach soll Conni die Zähne kräftig zusammenbeißen. Es schmeckt etwas merkwürdig. Dann darf Conni auf einen Knopf drücken. Wasser fließt in den Becher.
Conni spült damit ihren Mund aus und spuckt das Wasser ins Spülbecken.
Nun kann sie sich mit einem Handspiegel ihren Zahn ansehen.

An einem riesengroßen Krokodilgebiss zeigt die Zahnärztin Conni, wie man die Zähne richtig putzt: Zuerst sind die geraden Kauflächen dran. Dann bürstet man die Zähne außen und innen, immer von rot nach weiß.
Zum Abschied bekommt Conni einen kleinen Zahnarztspiegel.

Erst putzt du die **K**auflächen, dann die **A**ußenseiten, danach die **I**nnenseiten.

Am Abend untersucht Conni
Papa gründlich mit dem neuen
Spiegel und einer Taschenlampe.
Er hat auch eine braune Stelle.
Papa muss auch zum Zahnarzt!
„Du brauchst aber gar keine
Angst zu haben“, tröstet Conni
ihn. „Es tut gar nicht weh!“

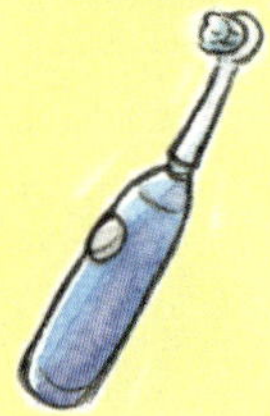

Wenn du gesunde Zähne behalten
willst, solltest du sie nach dem Früh-
stück und vorm Schlafengehen je drei
Minuten gründlich putzen.
Putze zuerst die Kauflächen, dann die
Außenseite und danach die Innenseite.
Lass dir von deinen Eltern helfen. Mit
Zahnseide kannst du Essensreste aus
engen Zwischenräumen entfernen. In
der Zahnarztpraxis zeigt man dir gerne,
wie das geht.
Zucker klebt besonders gut an den
Zähnen. Er steckt nicht nur in Süßig-
keiten, sondern auch in vielen anderen
Lebensmitteln und Getränken.
Deshalb solltest du abends nach dem
Zähneputzen nichts mehr essen und
nur noch Wasser trinken.

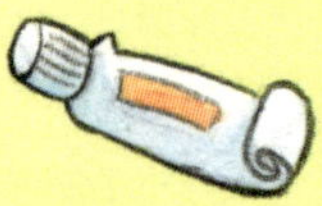